DÉFENSE

DE SA MAJESTÉ LOUIS XVI,

FAITE EN JANVIER 1793 ;

Distribuée nuitamment par l'Auteur (M. Bellanger, Conseiller d'État), et copiée sur le seul exemplaire qu'il ait pu retrouver dans un dépôt des pièces du temps (1).

(1) Ce petit Ouvrage, où l'Auteur a été obligé de parler le langage du peuple pour le persuader, est sorti des presses de M. *le Normant*, quelques jours avant le 21 janvier 1793.

SECONDE ÉDITION.

PARIS,

LE NORMANT, IMPRIMEUR-LIBRAIRE.
1816.

IMPRIMERIE DE LE NORMANT, RUE DE SEINE.

LE FALOT DU PEUPLE,

OU

ENTRETIENS

DE MADAME SAUMON, MARCHANDE DE MARÉE,

SUR LE PROCÈS DE LOUIS XVI.

MADAME SAUMON.

He-ben, ma commère, comment ça va ?
Y a huit jours que tu me boudes ; allons,
allons boire la goutte : pour n'avoir pas la
même vision, faut-il se manger ?

LA MERE DOUCET.

Que voulez-vous, madame Saumon ? vous
êtes riche, vous, vous vous battez l'œil ed-ça ;
que cette vente aille oui ou non, ça vous est
égal. D'ailleurs, quant à ce pauvre Louis XVI,
ça me tracasse, et j'n'ose rien dire encore ; au
lieu que vous, c'est tout du contraire, ça vous

donne un ton dans c'te halle : vous devenez la grosse, et ça parce que vous criez à tue tête contre ce pauvre Louis XVI. Mais, dites-moi donc, madame Saumon, quoi t'est-ce qu'il vous a fait pour li en vouloir à deux mains comm' ça?

MADAME SAUMON.

Mais, mon enfant, à moi il ne m'a rien fait; mais on dit que c'est lui qu'est la cause de tout ça, qu'il a tout fait renchérir, qu'il a fait manquer le pain, le poisson; enfin, que le 10 août il vouloit nous faire tuer tous, et que c'est lui qui remue encore tous les Prussiens, et qui nous fait tuer tous nos hommes. Tu vois ben que j'n'ai pas tort quand j'nous déchaînons contre lui.

LA MÈRE DOUCET.

Tiens, ma commère, tu m'as épanoui l'cœur en m' parlant com' ça à cœur ouvert; mais si t'as un moment, j' t'aurai bentôt fait parler la raison, et tu verras, primo d'abord, et d'un, ma chère amie, il est p' t'être ben la cause du grabuge d'actuel : et ça sans l' vouloir, et par un bon motif; te rappelles-tu quand j'avons été, il y a cinq ans, l'i porter l' bouquet de Saint-Louis, à Versailles; et ben, dans ce temps-là il étoit ben tout-à-fait l' maître, j'crois,

son mot suffisoit, et s'il eût été méchant et in-
souciant sur nous autres, auroit-il rogné et
renvoyé la moitié d' son monde pour nous
soulager ? Et auroit-il consenti à s'donner des
meneux qu'il a fait v'nir d'partout pour savoir
comment y s'y prendroit pour nous s'courir ?
Il en a été ben payé l' pauvre cher homme.
A peine arrivés à ce Versailles, au lieu d' l'y
bailler des sentences ou d' avis, ils l'y ont fait
la loi ; dam c'est ben dur ; et dis-moi, ma
commère, si tu t'étois trouvée gênée dans
ton commerce, embarrassée dans ton mé-
nage, que tu eusses prié quelques voisines
de t' bailler des conseils, et qu'au lieu d' ça ils
eussent voulu commander chez toi en ta place,
qu'aurois-tu fait ?

MADAME SAUMON.

Ma foi, j' serois montée sur mes grands che-
vaux, et je l'eux aurois dit d' battre au route,
et s'ils n'avoient pas voulu, j'aurois crié à la
garde pour les faire partir.

LA MÈRE DOUCET.

Eh ben, ma commère, il n'a pas crié à la
garde, lui, d' crainte d'effrayer le peuple ;
mais il l'a fait v'nir pour empêcher les malheurs, et leur a ben défendu d' faire du mal,

et au lieu d' renvoyer ces meneux , il les a
laissé continuer leur besogne , espérant toujours qui z'accoucheroient de quelque bonne
idée , qui étoit là c' qu'il vouloit : eh ben , n'
vl'a-t-il pas aujourd'hui qu'on l'y dit , qu'on
l'y soutient qu'il n'avoit fait v'nir cette garde
que pour tuer l'peuple , tandis qu'il avoit
donné l'ordre à M. de Bezeval de n' faire que
peur pour empêcher le train.

MADAME SAUMON.

Ba ! queu compte , tu m'en coules , c'étoit
pour nous tuer , vas : d'ailleurs , d'où sais-tu
ça , toi ?

LA MÈRE DOUCET.

Je l'sais d'un d' mes cousins, garde de robe
courte , de poste au Châtelet , quand on a
plaidé ce M. de Bezeval d'accusation ; c'est là
que son avocat, qui parloit pour lui , l'a mon-
tré cet ordre, et qu'il l'a ben soutenu , et l'a
redit à la convention en défendant Louis XVI.

MADAME SAUMON.

Ça n'empêche pas , mon enfant, qu'il n'ait
quelque sournoiserie en tête ; car on dit que
quand nos bons députés ont voulu, par un
décret, supprimer la servitude, là, ben loin,
où ce qu'il y en avoit encore en France, il a

retardé tant qu'il a pu de le sanctionner, ce qui prouve ben qu'il vouloit nous rendre tous esclaves, v'là ce que nous craignons tous, et ce qui nous anime en diable.

LA MÈRE DOUCET.

Rien de plus aisé, ma commère, que de vous faire voir qu'on vous leurre toutes sur cet objet-là comme sur ben d'autres. Tu sais ben que du temps de notre pauvre homme, j' tenions un petit café sous ces piliers ; il y venoit du cossu au moins, entre autres de gros maîtres-d'hôtel ; eh ben, j'leux ai entendu dire que ben avant la révolution, Louis XVI avoit voulu détruire tout l'esclavage en France ; que sentant ben que ces esclaves appartenoient à leux maîtres, c'étoit voler leux biens que de les leux ôter, et que son bon cœur lui avoit fait imaginer de donner la liberté à tous les esclaves de ses terres à lui, et de prier en même temps tous les seigneurs d'en faire autant. Il y a ben plus ; c'est que j'ai entendu dire cet édit-là dans toutes les halles. Dis-moi de bonne foi, n'est-ce pas là la marque d'un bon cœur ? Peut-on croire que stilà qu'a détruit l'esclavage qu'étoit à son profit, veut nous rendre aujourd'hui tous esclaves ? J'm'y ferai hacher, tiens, ma commère, vas, vas, il y

(8)

a qu'euque manigance que j'n'entendons pas;
mais j'ne puis pas croire que ce soit un méchant homme, ni, comme ils disent, un
tyran; car on dit qu'un tyran tire l'argent du
peuple, ou pour ses maîtresses et ses plaisirs,
et il n'en a jamais eu; ou pour des batailles
de gloire, et il a toujours voulu la paix, ou
pour donner aux églises, et quoique bon ca-
tholique, il ne leux a rien donné, et n'a ni
tracassé ni versé le sang de ses sujets pour la
religion, comme Louis XIV et les autres qui
l'ont dévancé. Enfin, on dit qu'un tyran est
comme un Néron, qui fait emprisonner et
tuer les gens qui lui déplaisent, et jamais il
n'a fait de mal à personne. Ainsi, tu vois ben
qu'après avoir régné quinze ans comme un
honnête homme, il n'a pas pu devenir tout
d'suite, ni méchant, ni cruel, ni tyran;
j' crois ben plutôt que c'est un mot qu'on a
inventé pour li faire du tort.

Si cela étoit comme ça, est-ce qu'il seroit
accusé par tout le peuple de conspiration,
et qu'il auroit, comme on li a dit à la convention, donné de l'argent au faubourg, en
91, en répandant ben des millions au peuple,
c'étoit ben, comme tu vois, pour li jeter de
la poudre aux yeux.

LA MÈRE DOUCET.

D'abord, mon enfant, il s'en faut ben que tout le peuple l'accuse, et je suis ben persuadée, au contraire, qu'il y en a plus des trois quarts qui l'aiment et qui le plaignent ; mais c'est que ceux qui voudroient le sauver n'osent rien dire par crainte, et qu'au contraire, ceux qui lui en veulent sont toujours menaçans ; et crois, ma chère, que la nation n'est pas si méchante qu'on le dit. Tu dis qu'il a donné de l'argent au faubourg en 1791. Mais il ne pouvoit déjà plus rien faire dans ce temps-là, il n'avoit presque le droit que de disposer de l'argent qu'on li avoit laissé pour li, et on lui feroit un crime d'en avoir donné au peuple ! Tiens, ma commère, c'est noircir tout pour noircir.

MADAME SAUMON.

Mais s'il n'y avoit pas eu de dessous de carte, pourquoi se seroit-il enfui de Paris, comme en 91, sous un faux nom ?

LA MÈRE DOUCET.

Je te le demande à toi-même : si l'on étoit venu chez toi avec des gens armés, qu'on eût forcé ta chambre, qu'on eût tué tes servantes sous tes yeux, qu'on t'eût menacée de te tuer toi-même, qu'on t'eût ensuite menée de force dans une belle maison dont tu n'eus pu sortir, que sous tes fenêtres tu eusses entendu vomir des horreurs contre toi, comme on a fait au pauvre Louis XVI depuis le 5 octobre, dis-moi, sans vouloir ni battre ni tuer personne, n'aurois-tu pas cherché à te sauver ?

MADAME SAUMON.

Certainement.

LA MÈRE DOUCET.

Eh ben, c'est ce qu'il a fait, et on part delà pour lui en faire un crime, cela est-il juste ? Mais il y en a ben plus, c'est que tu ne sais pas, toi, qu'on l'accuse d'avoir fait couler le sang du peuple, tandis qu'il a défendu le 5 octobre à ses gardes du corps de tirer sur le peuple, et qu'ils ont été assassinés sans se défendre. Si Louis XVI eût été méchant, il ne les auroit pas empêchés de tirer. Il y a mieux, c'est qu'à Varennes, s'il eût ordonné de tuer le seul homme qui l'arrêtoit, il se sauvoit ; mais il a toujours eu tant d'horreur de verser le sang de son peuple, qu'il ne l'a pas voulu ; tu me diras peut-être que c'est par poltronerie, ah ! ma commère, tu sais ce qu'il a fait le 20 juin dernier, lorsqu'entouré de monde qui l'insultoit et le menaçoit chez li , il appelle un grenadier , li fait toucher son cœur , et li dit : touche , camarade , et vois si j'ai peur ; vois s'il palpite... Jamais un poltron n'auroit fait ça , et M. de Sasque ou César en seroient peut-être jaloux ; allez , allez , la mère Saumon, il n'est pas poltron , mais bon à l'excès.

MADAME SAUMON.

Tu me dis tout ça , toi , mais va-t-'en voir, j'en tiens toujours pour croire qu'il y a de la sournoiserie , puisqu'on l'accuse d'avoir ben dépensé de l'argent pour faire faire des imprimés pour séduire le peuple.

LA MÈRE DOUCET.

Pour ce qu'est en cas d'ça , moi , j' n'en sais rien , mais j' sais (car j' vais souvent aux tribunes) , qu'on n' lui en a remontré aucunes à son procès , et pis d'ailleurs , si l'on écrivoit un tas d' lettres anonymes contre toi , où on t' fit passer pour c' que tu n'es pas , il faudroit ben qu' tu répondes ; c'est c' qu'il a fait , il a mieux aimé peut-être s'y prendre comm' ça , que d' faire d' la peine à ses ennemis en face. C' n'est pas là un méchant homme ; tiens , tiens , ma commère , il y a des gens qui li en veulent , et comm' dit l' proverbe , quand on veut noyer..... suffit,..... et pour preuve d'ça, ne v'là-t-il pas qu'on lui reproche l'affaire d'Nanci, tandis qu' l'assemblée elle-même a remercié M. de Bouillé d'avoir battu ceux qui s'étoient révoltés contre la constitution ; ne v'là-t-il pas qu'on dit qu' c'est lui qui a fait déserter tous les officiers d' marine, et qu'il a soutenu les gardes du corps, tandis qu' tous ces aristocrates d'officiers d' marine se sont en allés d'eux-mêmes, et l'un pour l'autre par gloriole, et qu' par une lettre que j'ai entendue aux tribunes, Louis XVI a dit qu'il vouloit ben salarier ses gardes jusqu'à leur remplacement, comm' c'étoit son usage de Roi, mais qu'il défendoit de donner un sol à ceux d'entre eux qui avoient émigré. Ne v'là-t-il pas enfin qu'on l'accuse d'avoir payé à Paris des troupes secrètes pour une contre-révolution, tandis que nous n'avons jamais vu, et qu'on n'a jamais pu lui montrer, ni nommer aucuns officiers, ni soldats de ces prétendues troupes secrètes, et qu'au contraire, voyant que les nouveaux gardes qu'on lui avoit donnés par la constitution, causoient de l'inquiétude au peuple, il les a renvoyés, quoiqu'il eût ben le droit de les garder.

MADAME SAUMON.

T'néz, la mère Doucet, tout c'la est ben arrangé ; mais comment pouvez-vous répondre à ce qu'il a fait de pis ; à ce qu'il a fait le 10 août ; oh ! il a fait tirer pour cette fois sur le peuple, où il y a eu tant de massacrés, et par son ordre, encore, témoin mon cousin, qu'on n'a pas revu depuis ce temps-là. Ah, jarnidié, ma commère, c'est affreux, et il n'y a pas de peine qu'il ne mérite.

LA MÈRE DOUCET.

Je m'attendois ben, ma commère, que c'étoit là votre dernier *tu autem*, parce que quoique bonne, vous croyez tout l' mal que ses ennemis vous en disent ; je sais ben, moi, qu'ils avoient arrangé tout ça d'avance ; mais il faudroit vous l' prouver comme 2 et 2 font 4, et je n' suis pas assez savante pour ça ; y a une chose toute simple à faire pour expliquer ça net ; allons-nous-en chez le père Dustyle, l'écrivain des Charniers ; c'est un brave homme, lui, qui ne s'est jamais mêlé de rien, toujours là dans son petit bureau ; il nous montrera les papiers, et même des Jacobins, il nous mettra le doigt dessus ; d'ailleurs, il entend les affaires, car il a été jadis clerc d'huissier ; ainsi tu l' croiras peut-être.

MADAME SAUMON.

Je l'veux ben, allons-y tout d'suite.

LA MÈRE DOUCET.

Vas.

MADAME SAUMON, LA MÈRE DOUCET, LE PÈRE DUSTYLE.

LA MÈRE DOUCET.

Bonjour, père Dustyle, comment ça va, et la pratique?

LE PÈRE DUSTYLE.

Ah! mes enfans, je n'en vois guère de pratiques; nous autres écrivains nous mourons de faim à présent; il n'y a plus que les imprimeurs qui gagnent leur vie avec tous leurs écrits pour et contre; ainsi, faute de besogne, je m'occupe à lire pour savoir ce qui se passe. Vous ne lisez rien vous autres; et c'est tant mieux et tant pis : tant mieux, parce que ça ne vous casse pas le tête; tant pis, parce qu'on ne vous fait croire que ce qu'on veut.

MADAME SAUMON.

Eh ben, c'est justement pour ça que j'venons, père; nous savons que vous êtes un brave homme, et je venons ma commère et moi, vous prier de nous dire là, ben franc, s'il n'est pas vrai qu' c'est Louis XVI qui est la cause de tous les malheurs du 10 août, qui a fait tirer sur le peuple : y a des raisons pour ça ; ne dites rien, au moins, ma commère.

LA MÈRE DOUCET.

Pas le mot.

LE PÈRE DUSTYLE.

Rien de plus facile que de vous l'apprendre, Mesdames, et cela d'après tous les papiers publics.

Quand on vous a dit, mère Saumon, que Louis XVI a été la cause des malheurs du 10, on a raison ; mais il faut s'entendre, il en a été la cause involontaire, ou, pour mieux dire, le sujet ; car il paroît clair à présent que l'on avoit, depuis long-temps, formé le projet de lui ôter la couronne, et de le réduire où il est.

En effet, vous avez dû entendre aux Tuileries, et sous sa fenêtre, que l'on crioit depuis le 20 juin, *à bas le véto, la déchéance, la déchéance ;* on avoit même répandu parmi le peuple qu'il vouloit s'en aller, qu'il avoit un magasin d'armes aux Tuileries.

Louis XVI, pour détruire et démentir ces bruits, écrit, le 26 juillet, au maire de venir visiter le château : le maire répond qu'il y enverra, et n'envoie pas. Louis XVI fait plus, il écrit cela à l'assemblée nationale, qui n'ordonne rien ; avoit-on peur que la visite du château ne tranquillisât le peuple ? Je n'en sais rien.

Faute d'éclaircissemens sur le magasin d'armes, les bruits augmentent, et le 3 août, sans qu'on pût reprocher rien de positif et de nouveau à Louis XVI, on présente à l'assemblée une pétition en règle pour lui demander de chasser le Roi de son trône, et l'on menace d'une insurrection, si la déchéance n'est prononcée du 9 au 10.

Louis XVI n'avoit encore rien fait.

Cependant, informé de ce qui se passoit, voyant, après les insultes et les menaces qu'il avoit essuyées avec tant de douceur et de courage le 20 juin ; voyant, dis-je, qu'il avoit tout à craindre, il chercha à garantir sa maison des attaques dont on la menaçoit, tout comme nous chercherions à nous défendre si l'on vouloit nous attaquer.

Il fait venir, le 9 août, les membres du département, les officiers municipaux et le maire, en un mot, tous les magistrats du peuple ; et le maire va visiter lui-même les postes. Louis XVI ne montre pas l'envie de tromper ni d'attaquer le peuple , mais de se garantir si on l'attaquoit , comme nous ferions tous en pareil cas. Bientôt après le tocsin sonne ; on arrive avec du canon que l'on braque sur les portes du château.

En vain le procureur-général-syndic lit tout haut l'art. V de la loi du 3 octobre , qui défend d'attaquer les maisons particulières , et qui autorise à repousser la force par la force ; les canons partent , le combat s'engage , et Louis XVI , au lieu de s'obstiner à se défendre , se consulte avec trois magistrats du peuple , avec trois membres du département, et se rend avec sa famille à l'assemblée nationale , d'où il est sorti prisonnier.

Jugez , après cela , si c'est lui qui est cause du sang qui a coulé.

Jugez si c'est lui qui a attaqué. Jugez s'il a voulu tromper le peuple.

L'on peut enfin vous citer ce qui s'est dit dans une feuille des Jacobins, j'ai oublié la date ; mais on y voit que plusieurs membres s'y sont disputé l'honneur de la journée du 10 août , qu'ils s'y sont vantés d'avoir été du comité secret d'insurrection , tenu à cet effet à Charenton , et qu'ils ont avoué qu'ils devoient commencer l'attaque le 29 juillet ; mais qu'ils l'ont remise, à cause des circonstances, au 10 août. Voyez, après cela, si Louis XVI est coupable.

MADAME SAUMON.

En effet, M. Dustyle, je fais réflexion à à tout ça ; et dites-moi, croyez-vous qu'on le juge, et qu'il soit fait mourir ?

LE PÈRE DUSTYLE.

Ma foi, Mesdames, je n'en sais rien ; cela est embarrassant, voyez-vous ; car même en le voyant coupable, on ne peut, je crois, le condamner : en effet, la constitution, en établissant la royauté sous de nouvelles conditions, a prévu le cas où le Roi feroit la guerre à son peuple (et c'est tout ce qu'il y a de plus fort); et dans ce cas la constitution a dit que pour punition il seroit déclaré déchu du trône: or, la convention nous ayant mis en république, il n'y a plus de trône : ainsi, quand même il seroit déclaré coupable, il est puni d'avance.

Si, au contraire, on veut le juger comme simple citoyen, on ne pourroit lui imputer aucun crime, à moins qu'on ne le déclare coupable, sans dire de quoi, car depuis qu'il est détrôné et devenu citoyen , il a toujours été enfermé , et n'a pu faire aucun mal.

D'ailleurs, vous savez qu'à présent il faut, pour qu'un citoyen criminel perde la vie , il faut, dis-je, aux termes des nouvelles lois , les trois quarts des voix à la mort , et peut-être pourroit-il s'en sauver : c'est ce que j'ignore.

MADAME SAUMON.

Ma foi , ma commère , je tombe d' mon haut ; je n' sais plus qu' dire , je m'y perds , et je sens ben à présent , comme disoit Henri IV, qu'il faut écouter les deux partis.

FIN.